Mein Dankbarkeits
tagebuch

Dieses Buch gehört:

Menschen für die ich dankbar bin...

Das macht mich besonders glücklich...

Dieser Spruch bedeutet
viel für mich.....

Weil:

Heute bin ich dankbar

1
2
3
4

DATUM

____/ ____/ ___

Heute bin ich dankbar

1
2
3
4

DATUM

____/ ____/ ___

Heute bin ich dankbar

1
2
3
4

DATUM

____/ ____/ ___

Heute bin ich dankbar

1
2
3
4

DATUM

____/ ____/ ___

Heute bin ich dankbar

1
2
3
4

DATUM
_____/ _____/ _____

1
2
3
4

Heute bin ich dankbar

DATUM
_____/ _____/ _____

Heute bin ich dankbar

1
2
3
4

DATUM
_____/ _____/ _____

✿ ❤ ✿ ❤ ✿ ❤ ✿ ❤

Das hätte diese Woche besser laufen können...

Das war mein Highlight diese Woche...

Heute bin ich
dankbar

DATUM

___ / ___ / ___

1
2
3
4

1
2
3
4

Heute bin ich
dankbar

DATUM

___ / ___ / ___

Heute bin ich
dankbar

DATUM

___ / ___ / ___

1
2
3
4

1
2
3
4

Heute bin ich
dankbar

DATUM

___ / ___ / ___

Heute bin ich
dankbar

DATUM

___ / ___ / ___

1
2
3
4

1
2
3
4

Heute bin ich
dankbar

DATUM

___ / ___ / ___

Heute bin ich
dankbar

DATUM

___ / ___ / ___

1
2
3
4

Das hätte diese Woche besser laufen können...

Das war mein Highlight diese Woche...

Heute bin ich
dankbar

DATUM

___/ ___/ ___

1
2
3
4

1
2
3
4

Heute bin ich
dankbar

DATUM

___/ ___/ ___

Heute bin ich
dankbar

DATUM

___/ ___/ ___

1
2
3
4

1
2
3
4

Heute bin ich
dankbar

DATUM

___/ ___/ ___

Heute bin ich dankbar

1
2
3
4

DATUM

___/ ___/ ___

1
2
3
4

Heute bin ich dankbar

DATUM

___/ ___/ ___

Heute bin ich dankbar

1
2
3
4

DATUM

___/ ___/ ___

Das hätte diese Woche besser laufen können...

Das war mein Highlight diese Woche...

Heute bin ich
dankbar

DATUM

___ / ___ / ___

1
2
3
4

1
2
3
4

Heute bin ich
dankbar

DATUM

___ / ___ / ___

Heute bin ich
dankbar

DATUM

___ / ___ / ___

1
2
3
4

1
2
3
4

Heute bin ich
dankbar

DATUM

___ / ___ / ___

Heute bin ich
dankbar

DATUM

___/ ___/ ___

1
2
3
4

Heute bin ich
dankbar

DATUM

___/ ___/ ___

1
2
3
4

Heute bin ich
dankbar

DATUM

___/ ___/ ___

1
2
3
4

Das hätte diese Woche besser laufen können...

Das war mein Highlight diese Woche...

Menschen für die ich dankbar bin…

Das macht mich besonders glücklich…

Dieser Spruch bedeutet viel für mich....

Weil:

Heute bin ich
dankbar

DATUM

___ / ___ / ___

1
2
3
4

Heute bin ich
dankbar

DATUM

___ / ___ / ___

1
2
3
4

Heute bin ich
dankbar

DATUM

___ / ___ / ___

1
2
3
4

Heute bin ich
dankbar

DATUM

___ / ___ / ___

1
2
3
4

Heute bin ich dankbar

1
2
3
4

DATUM

___ / ___ / ___

Heute bin ich dankbar

1
2
3
4

DATUM

___ / ___ / ___

Heute bin ich dankbar

1
2
3
4

DATUM

___ / ___ / ___

Das hätte diese Woche besser laufen können...

Das war mein Highlight diese Woche...

Heute bin ich dankbar

DATUM

___/ ___/ ___

1

2

3

4

Heute bin ich dankbar

DATUM

___/ ___/ ___

1

2

3

4

Heute bin ich dankbar

DATUM

___/ ___/ ___

1

2

3

4

Heute bin ich dankbar

DATUM

___/ ___/ ___

1

2

3

4

Heute bin ich
dankbar

DATUM

___ / ___ / ___

1
2
3
4

1
2
3
4

Heute bin ich
dankbar

DATUM

___ / ___ / ___

Heute bin ich
dankbar

DATUM

___ / ___ / ___

1
2
3
4

Das hätte diese Woche besser laufen können...

Das war mein Highlight diese Woche...

Heute bin ich
dankbar

DATUM

___ / ___ / ___

1
2
3
4

Heute bin ich
dankbar

DATUM

___ / ___ / ___

1
2
3
4

Heute bin ich
dankbar

DATUM

___ / ___ / ___

1
2
3
4

Heute bin ich
dankbar

DATUM

___ / ___ / ___

1
2
3
4

Heute bin ich dankbar

1
2
3
4

DATUM
___ / ___ / ___

1
2
3
4

Heute bin ich dankbar

DATUM
___ / ___ / ___

Heute bin ich dankbar

1
2
3
4

DATUM
___ / ___ / ___

Das hätte diese Woche besser laufen können...

Das war mein Highlight diese Woche...

Heute bin ich
dankbar

DATUM

___/ ___/ ___

1
2
3
4

Heute bin ich
dankbar

DATUM

___/ ___/ ___

1
2
3
4

Heute bin ich
dankbar

DATUM

___/ ___/ ___

1
2
3
4

Heute bin ich
dankbar

DATUM

___/ ___/ ___

1
2
3
4

Heute bin ich dankbar

DATUM

___ / ___ / ___

1
2
3
4

Heute bin ich dankbar

DATUM

___ / ___ / ___

1
2
3
4

Heute bin ich dankbar

DATUM

___ / ___ / ___

1
2
3
4

Das hätte diese Woche besser laufen können...

Das war mein Highlight diese Woche...

Menschen für die ich dankbar bin...

Das macht mich besonders glücklich...

Dieser Spruch bedeutet viel für mich.....

Weil:

Heute bin ich dankbar

1
2
3
4

DATUM

____ / ____ / ____

Heute bin ich dankbar

1
2
3
4

DATUM

____ / ____ / ____

Heute bin ich dankbar

1
2
3
4

DATUM

____ / ____ / ____

Heute bin ich dankbar

1
2
3
4

DATUM

____ / ____ / ____

Heute bin ich
dankbar

DATUM

___ / ___ / ___

1
2
3
4

Heute bin ich
dankbar

DATUM

___ / ___ / ___

1
2
3
4

Heute bin ich
dankbar

DATUM

___ / ___ / ___

1
2
3
4

Das hätte diese Woche besser laufen können...

Das war mein Highlight diese Woche...

Heute bin ich dankbar

DATUM

___ / ___ / ___

1

2

3

4

Heute bin ich dankbar

DATUM

___ / ___ / ___

1

2

3

4

Heute bin ich dankbar

DATUM

___ / ___ / ___

1

2

3

4

Heute bin ich dankbar

DATUM

___ / ___ / ___

1

2

3

4

Heute bin ich dankbar

DATUM

___ / ___ / ___

1

2

3

4

1

2

3

4

Heute bin ich dankbar

DATUM

___ / ___ / ___

Heute bin ich dankbar

DATUM

___ / ___ / ___

1

2

3

4

Das hätte diese Woche besser laufen können...

Das war mein Highlight diese Woche...

Heute bin ich dankbar

1

2

3

4

DATUM

___/ ___/ ___

Heute bin ich dankbar

1

2

3

4

DATUM

___/ ___/ ___

Heute bin ich dankbar

1

2

3

4

DATUM

___/ ___/ ___

Heute bin ich dankbar

1

2

3

4

DATUM

___/ ___/ ___

Heute bin ich
dankbar

DATUM

___/ ___/ ___

1
2
3
4

Heute bin ich
dankbar

DATUM

___/ ___/ ___

1
2
3
4

Heute bin ich
dankbar

DATUM

___/ ___/ ___

1
2
3
4

Das hätte diese Woche besser laufen können...

Das war mein Highlight diese Woche...

Heute bin ich
dankbar

DATUM

____/ ____/ ____

1

2

3

4

1

2

3

4

Heute bin ich
dankbar

DATUM

____/ ____/ ____

Heute bin ich
dankbar

DATUM

____/ ____/ ____

1

2

3

4

1

2

3

4

Heute bin ich
dankbar

DATUM

____/ ____/ ____

Heute bin ich dankbar

1

2

3

4

DATUM

___ / ___ / ___

1

2

3

4

Heute bin ich dankbar

DATUM

___ / ___ / ___

Heute bin ich dankbar

1

2

3

4

DATUM

___ / ___ / ___

Das hätte diese Woche besser laufen können...

Das war mein Highlight diese Woche...

Menschen für die ich dankbar bin...

Das macht mich besonders glücklich...

Dieser Spruch bedeutet
viel für mich.....

Weil:

Heute bin ich
dankbar

DATUM

____ / ____ / ____

1
2
3
4

1
2
3
4

Heute bin ich
dankbar

DATUM

____ / ____ / ____

Heute bin ich
dankbar

DATUM

____ / ____ / ____

1
2
3
4

1
2
3
4

Heute bin ich
dankbar

DATUM

____ / ____ / ____

Heute bin ich
dankbar

DATUM

___ / ___ / ___

1

2

3

4

1

2

3

4

Heute bin ich
dankbar

DATUM

___ / ___ / ___

Heute bin ich
dankbar

DATUM

___ / ___ / ___

1

2

3

4

Das hätte diese Woche besser laufen können...

Das war mein Highlight diese Woche...

Heute bin ich
dankbar

DATUM

___ / ___ / ___

1
2
3
4

1
2
3
4

Heute bin ich
dankbar

DATUM

___ / ___ / ___

Heute bin ich
dankbar

DATUM

___ / ___ / ___

1
2
3
4

1
2
3
4

Heute bin ich
dankbar

DATUM

___ / ___ / ___

Das hätte diese Woche besser laufen können...

Das war mein Highlight diese Woche...

Heute bin ich dankbar

1 ____________________
2 ____________________
3 ____________________
4 ____________________

DATUM

____ / ____ / ____

Heute bin ich dankbar

1 ____________________
2 ____________________
3 ____________________
4 ____________________

DATUM

____ / ____ / ____

Heute bin ich dankbar

1 ____________________
2 ____________________
3 ____________________
4 ____________________

DATUM

____ / ____ / ____

Heute bin ich dankbar

1 ____________________
2 ____________________
3 ____________________
4 ____________________

DATUM

____ / ____ / ____

Heute bin ich
dankbar

DATUM

___/ ___/ ___

1
2
3
4

1
2
3
4

Heute bin ich
dankbar

DATUM

___/ ___/ ___

Heute bin ich
dankbar

DATUM

___/ ___/ ___

1
2
3
4

Das hätte diese Woche besser laufen können...

Das war mein Highlight diese Woche...

Heute bin ich dankbar

1

2

3

4

DATUM

___ / ___ / ___

Heute bin ich dankbar

1

2

3

4

DATUM

___ / ___ / ___

Heute bin ich dankbar

1

2

3

4

DATUM

___ / ___ / ___

Heute bin ich dankbar

1

2

3

4

DATUM

___ / ___ / ___

Heute bin ich dankbar

1
2
3
4

DATUM
___/ ___/ ___

Heute bin ich dankbar

1
2
3
4

DATUM
___/ ___/ ___

Heute bin ich dankbar

1
2
3
4

DATUM
___/ ___/ ___

Das hätte diese Woche besser laufen können...

Das war mein Highlight diese Woche...

Menschen für die ich dankbar bin...

Das macht mich besonders glücklich...

Dieser Spruch bedeutet
viel für mich. . . . .

Weil:

Heute bin ich
dankbar

DATUM

___/ ___/ ___

1
2
3
4

1
2
3
4

Heute bin ich
dankbar

DATUM

___/ ___/ ___

Heute bin ich
dankbar

DATUM

___/ ___/ ___

1
2
3
4

1
2
3
4

Heute bin ich
dankbar

DATUM

___/ ___/ ___

Heute bin ich
dankbar

DATUM

___/ ___/ ___

1
2
3
4

Heute bin ich
dankbar

DATUM

___/ ___/ ___

1
2
3
4

Heute bin ich
dankbar

DATUM

___/ ___/ ___

1
2
3
4

Das hätte diese Woche besser laufen können...

Das war mein Highlight diese Woche...

Heute bin ich
dankbar

DATUM

____ / ____ / ____

1
2
3
4

1
2
3
4

Heute bin ich
dankbar

DATUM

____ / ____ / ____

Heute bin ich
dankbar

DATUM

____ / ____ / ____

1
2
3
4

1
2
3
4

Heute bin ich
dankbar

DATUM

____ / ____ / ____

Heute bin ich
dankbar

DATUM

____ / ____ / ____

1
2
3
4

Heute bin ich
dankbar

DATUM

____ / ____ / ____

1
2
3
4

Heute bin ich
dankbar

DATUM

____ / ____ / ____

1
2
3
4

Das hätte diese Woche besser laufen können...

Das war mein Highlight diese Woche...

Heute bin ich
dankbar

DATUM

___ / ___ / ___

1
2
3
4

1
2
3
4

Heute bin ich
dankbar

DATUM

___ / ___ / ___

Heute bin ich
dankbar

DATUM

___ / ___ / ___

1
2
3
4

1
2
3
4

Heute bin ich
dankbar

DATUM

___ / ___ / ___

Heute bin ich
dankbar

DATUM

_____/_____/_____

1
2
3
4

Heute bin ich
dankbar

DATUM

_____/_____/_____

1
2
3
4

Heute bin ich
dankbar

DATUM

_____/_____/_____

1
2
3
4

Das hätte diese Woche besser laufen können...

Das war mein Highlight diese Woche...

Heute bin ich
dankbar

DATUM

___ / ___ / ___

1
2
3
4

1
2
3
4

Heute bin ich
dankbar

DATUM

___ / ___ / ___

Heute bin ich
dankbar

DATUM

___ / ___ / ___

1
2
3
4

1
2
3
4

Heute bin ich
dankbar

DATUM

___ / ___ / ___

Heute bin ich
dankbar

DATUM

___/ ___/ ___

1
2
3
4

___

Heute bin ich
dankbar

DATUM

___/ ___/ ___

1
2
3
4

Heute bin ich
dankbar

DATUM

___/ ___/ ___

1
2
3
4

Das hätte diese Woche besser laufen können...

Das war mein Highlight diese Woche...

Menschen für die ich dankbar bin...

Das macht mich besonders glücklich...

Dieser Spruch bedeutet
viel für mich.....

Weil:

Heute bin ich dankbar

1

2

3

4

DATUM

___ / ___ / ___

Heute bin ich dankbar

1

2

3

4

DATUM

___ / ___ / ___

Heute bin ich dankbar

1

2

3

4

DATUM

___ / ___ / ___

Heute bin ich dankbar

1

2

3

4

DATUM

___ / ___ / ___

Heute bin ich dankbar

1

2

3

4

DATUM

____ / ____ / ____

Heute bin ich dankbar

1

2

3

4

DATUM

____ / ____ / ____

Heute bin ich dankbar

1

2

3

4

DATUM

____ / ____ / ____

Das hätte diese Woche besser laufen können...

Das war mein Highlight diese Woche...

Heute bin ich
dankbar

DATUM

____ / ____ / ____

1
2
3
4

1
2
3
4

Heute bin ich
dankbar

DATUM

____ / ____ / ____

Heute bin ich
dankbar

DATUM

____ / ____ / ____

1
2
3
4

1
2
3
4

Heute bin ich
dankbar

DATUM

____ / ____ / ____

Heute bin ich dankbar

1
2
3
4

DATUM

____ / ____ / ____

Heute bin ich dankbar

1
2
3
4

DATUM

____ / ____ / ____

Heute bin ich dankbar

1
2
3
4

DATUM

____ / ____ / ____

Das hätte diese Woche besser laufen können...

Das war mein Highlight diese Woche...

Heute bin ich
dankbar

DATUM

___ / ___ / ___

1
2
3
4

1
2
3
4

Heute bin ich
dankbar

DATUM

___ / ___ / ___

Heute bin ich
dankbar

DATUM

___ / ___ / ___

1
2
3
4

1
2
3
4

Heute bin ich
dankbar

DATUM

___ / ___ / ___

Heute bin ich dankbar

DATUM

___ / ___ / ___

1

2

3

4

1

2

3

4

Heute bin ich dankbar

DATUM

___ / ___ / ___

Heute bin ich dankbar

DATUM

___ / ___ / ___

1

2

3

4

Das hätte diese Woche besser laufen können...

Das war mein Highlight diese Woche...

Heute bin ich dankbar

1

2

3

4

DATUM

___ / ___ / ___

1

2

3

4

Heute bin ich dankbar

DATUM

___ / ___ / ___

Heute bin ich dankbar

1

2

3

4

DATUM

___ / ___ / ___

1

2

3

4

Heute bin ich dankbar

DATUM

___ / ___ / ___

Heute bin ich dankbar

1
2
3
4

DATUM

___ / ___ / ___

Heute bin ich dankbar

1
2
3
4

DATUM

___ / ___ / ___

Heute bin ich dankbar

1
2
3
4

DATUM

___ / ___ / ___

Das hätte diese Woche besser laufen können...

Das war mein Highlight diese Woche...

Menschen für die ich dankbar bin...

Das macht mich besonders glücklich...

Dieser Spruch bedeutet
viel für mich....

Weil:

Heute bin ich
dankbar

DATUM

___ / ___ / ___

1
2
3
4

1
2
3
4

Heute bin ich
dankbar

DATUM

___ / ___ / ___

Heute bin ich
dankbar

DATUM

___ / ___ / ___

1
2
3
4

1
2
3
4

Heute bin ich
dankbar

DATUM

___ / ___ / ___

Heute bin ich
dankbar

DATUM

___/ ___/ ___

1
2
3
4

Heute bin ich
dankbar

DATUM

___/ ___/ ___

1
2
3
4

Heute bin ich
dankbar

DATUM

___/ ___/ ___

1
2
3
4

Das hätte diese Woche besser laufen können...

Das war mein Highlight diese Woche...

Heute bin ich
dankbar

DATUM

___ / ___ / ___

1

2

3

4

1

2

3

4

Heute bin ich
dankbar

DATUM

___ / ___ / ___

Heute bin ich
dankbar

DATUM

___ / ___ / ___

1

2

3

4

1

2

3

4

Heute bin ich
dankbar

DATUM

___ / ___ / ___

Heute bin ich
dankbar

DATUM

___/___/___

1
2
3
4

1
2
3
4

Heute bin ich
dankbar

DATUM

___/___/___

Heute bin ich
dankbar

DATUM

___/___/___

1
2
3
4

Das hätte diese Woche besser laufen können...

Das war mein Highlight diese Woche...

Heute bin ich
dankbar

DATUM

____/ ____/ ____

1
2
3
4

Heute bin ich
dankbar

DATUM

____/ ____/ ____

1
2
3
4

Heute bin ich
dankbar

DATUM

____/ ____/ ____

1
2
3
4

Heute bin ich
dankbar

DATUM

____/ ____/ ____

1
2
3
4

Heute bin ich
dankbar

DATUM

___ / ___ / ___

1
2
3
4

Heute bin ich
dankbar

DATUM

___ / ___ / ___

1
2
3
4

Heute bin ich
dankbar

DATUM

___ / ___ / ___

1
2
3
4

Das hätte diese Woche besser laufen können...

Das war mein Highlight diese Woche...

Heute bin ich
dankbar

DATUM

___ / ___ / ___

1
2
3
4

Heute bin ich
dankbar

DATUM

___ / ___ / ___

1
2
3
4

Heute bin ich
dankbar

DATUM

___ / ___ / ___

1
2
3
4

Heute bin ich
dankbar

DATUM

___ / ___ / ___

1
2
3
4

Heute bin ich
dankbar

DATUM
___ / ___ / ___

1
2
3
4

Heute bin ich
dankbar

DATUM
___ / ___ / ___

1
2
3
4

Heute bin ich
dankbar

DATUM
___ / ___ / ___

1
2
3
4

Das hätte diese Woche besser laufen können...

Das war mein Highlight diese Woche...

Menschen für die ich dankbar bin...

Das macht mich besonders glücklich...

Dieser Spruch bedeutet
viel für mich.....

Weil:

Heute bin ich dankbar

1
2
3
4

DATUM

___/ ___/ ___

1
2
3
4

Heute bin ich dankbar

DATUM

___/ ___/ ___

Heute bin ich dankbar

1
2
3
4

DATUM

___/ ___/ ___

1
2
3
4

Heute bin ich dankbar

DATUM

___/ ___/ ___

Heute bin ich dankbar

1
2
3
4

DATUM

___/ ___/ ___

1
2
3
4

Heute bin ich dankbar

DATUM

___/ ___/ ___

Heute bin ich dankbar

1
2
3
4

DATUM

___/ ___/ ___

Das hätte diese Woche besser laufen können...

Das war mein Highlight diese Woche...

Heute bin ich
dankbar

DATUM

___/ ___/ ___

1
2
3
4

1
2
3
4

Heute bin ich
dankbar

DATUM

___/ ___/ ___

Heute bin ich
dankbar

DATUM

___/ ___/ ___

1
2
3
4

1
2
3
4

Heute bin ich
dankbar

DATUM

___/ ___/ ___

Heute bin ich dankbar

1

2

3

4

DATUM

___/ ___/ ___

Heute bin ich dankbar

1

2

3

4

DATUM

___/ ___/ ___

Heute bin ich dankbar

1

2

3

4

DATUM

___/ ___/ ___

Das hätte diese Woche besser laufen können...

Das war mein Highlight diese Woche...

Heute bin ich dankbar

DATUM

___/___/___

1
2
3
4

1
2
3
4

Heute bin ich dankbar

DATUM

___/___/___

Heute bin ich dankbar

DATUM

___/___/___

1
2
3
4

1
2
3
4

Heute bin ich dankbar

DATUM

___/___/___

Heute bin ich dankbar

1
2
3
4

DATUM

___/ ___/ ___

Heute bin ich dankbar

1
2
3
4

DATUM

___/ ___/ ___

Heute bin ich dankbar

1
2
3
4

DATUM

___/ ___/ ___

Das hätte diese Woche besser laufen können...

Das war mein Highlight diese Woche...

Heute bin ich dankbar

1
2
3
4

DATUM

___/ ___/ ___

Heute bin ich dankbar

1
2
3
4

DATUM

___/ ___/ ___

Heute bin ich dankbar

1
2
3
4

DATUM

___/ ___/ ___

Heute bin ich dankbar

1
2
3
4

DATUM

___/ ___/ ___

Heute bin ich
dankbar

DATUM

___/ ___/ ___

1
2
3
4

Heute bin ich
dankbar

DATUM

___/ ___/ ___

1
2
3
4

Heute bin ich
dankbar

DATUM

___/ ___/ ___

1
2
3
4

Das hätte diese Woche besser laufen können...

Das war mein Highlight diese Woche...

Menschen für die ich dankbar bin…

Das macht mich besonders glücklich…

Dieser Spruch bedeutet
viel für mich.....

Weil:

Heute bin ich
dankbar

1
2
3
4

DATUM

___ / ___ / ___

Heute bin ich
dankbar

1
2
3
4

DATUM

___ / ___ / ___

Heute bin ich
dankbar

1
2
3
4

DATUM

___ / ___ / ___

Heute bin ich
dankbar

1
2
3
4

DATUM

___ / ___ / ___

Heute bin ich
dankbar

1
2
3
4

DATUM

___ / ___ / ___

Heute bin ich
dankbar

1
2
3
4

DATUM

___ / ___ / ___

Heute bin ich
dankbar

1
2
3
4

DATUM

___ / ___ / ___

Das hätte diese Woche besser laufen können...

Das war mein Highlight diese Woche...

Heute bin ich dankbar

DATUM

___ / ___ / ___

1
2
3
4

1
2
3
4

Heute bin ich dankbar

DATUM

___ / ___ / ___

Heute bin ich dankbar

DATUM

___ / ___ / ___

1
2
3
4

1
2
3
4

Heute bin ich dankbar

DATUM

___ / ___ / ___

Heute bin ich
dankbar

1
2
3
4

DATUM

___/ ___/ ___

1
2
3
4

Heute bin ich
dankbar

DATUM

___/ ___/ ___

Heute bin ich
dankbar

1
2
3
4

DATUM

___/ ___/ ___

Das hätte diese Woche besser laufen können...

Das war mein Highlight diese Woche...

Heute bin ich
dankbar

DATUM

____ / ____ / ____

1
2
3
4

1
2
3
4

Heute bin ich
dankbar

DATUM

____ / ____ / ____

Heute bin ich
dankbar

DATUM

____ / ____ / ____

1
2
3
4

1
2
3
4

Heute bin ich
dankbar

DATUM

____ / ____ / ____

Heute bin ich
dankbar

1
2
3
4

DATUM

___/ ___/ ___

1
2
3
4

Heute bin ich
dankbar

DATUM

___/ ___/ ___

Heute bin ich
dankbar

1
2
3
4

DATUM

___/ ___/ ___

Das hätte diese Woche besser laufen können...

Das war mein Highlight diese Woche...

Heute bin ich
dankbar

DATUM

___ / ___ / ___

1
2
3
4

Heute bin ich
dankbar

DATUM

___ / ___ / ___

1
2
3
4

Heute bin ich
dankbar

DATUM

___ / ___ / ___

1
2
3
4

Heute bin ich
dankbar

DATUM

___ / ___ / ___

1
2
3
4

Heute bin ich
dankbar

DATUM

___ / ___ / ___

1

2

3

4

Heute bin ich
dankbar

DATUM

___ / ___ / ___

1

2

3

4

Heute bin ich
dankbar

DATUM

___ / ___ / ___

1

2

3

4

Das hätte diese Woche besser laufen können...

Das war mein Highlight diese Woche...

Menschen für die ich dankbar bin...

Das macht mich besonders glücklich...

Dieser Spruch bedeutet viel für mich....

Weil:

Heute bin ich
dankbar

1

2

3

4

DATUM

___ / ___ / ___

Heute bin ich
dankbar

1

2

3

4

DATUM

___ / ___ / ___

Heute bin ich
dankbar

1

2

3

4

DATUM

___ / ___ / ___

Heute bin ich
dankbar

1

2

3

4

DATUM

___ / ___ / ___

Heute bin ich
dankbar

DATUM

___/ ___/ ___

1
2
3
4

Heute bin ich
dankbar

DATUM

___/ ___/ ___

1
2
3
4

Heute bin ich
dankbar

DATUM

___/ ___/ ___

1
2
3
4

Das hätte diese Woche besser laufen können...

Das war mein Highlight diese Woche...

Heute bin ich
dankbar

DATUM

___ / ___ / ___

1
2
3
4

Heute bin ich
dankbar

DATUM

___ / ___ / ___

1
2
3
4

Heute bin ich
dankbar

DATUM

___ / ___ / ___

1
2
3
4

Heute bin ich
dankbar

DATUM

___ / ___ / ___

1
2
3
4

Heute bin ich
dankbar

DATUM

___/___/___

1

2

3

4

Heute bin ich
dankbar

DATUM

___/___/___

1

2

3

4

Heute bin ich
dankbar

DATUM

___/___/___

1

2

3

4

Das hätte diese Woche besser laufen können...

Das war mein Highlight diese Woche...

Heute bin ich
dankbar

DATUM

____/ ____/ ____

1
2
3
4

Heute bin ich
dankbar

DATUM

____/ ____/ ____

1
2
3
4

Heute bin ich
dankbar

DATUM

____/ ____/ ____

1
2
3
4

Heute bin ich
dankbar

DATUM

____/ ____/ ____

1
2
3
4

Heute bin ich
dankbar

DATUM

____/ ____/ ___

1
2
3
4

1
2
3
4

Heute bin ich
dankbar

DATUM

____/ ____/ ___

Heute bin ich
dankbar

DATUM

____/ ____/ ___

1
2
3
4

Das hätte diese Woche besser laufen können...

Das war mein Highlight diese Woche...

Heute bin ich
dankbar

1

2

3

DATUM

4

____/ ____/ ___

1

2

Heute bin ich
dankbar

3

DATUM

4

____/ ____/ ___

Heute bin ich
dankbar

1

2

3

DATUM

4

____/ ____/ ___

1

Heute bin ich
dankbar

2

3

DATUM

4

____/ ____/ ___

Heute bin ich
dankbar

1

2

3

4

DATUM

___/ ___/ ___

Heute bin ich
dankbar

1

2

3

4

DATUM

___/ ___/ ___

Heute bin ich
dankbar

1

2

3

4

DATUM

___/ ___/ ___

Das hätte diese Woche besser laufen können...

Das war mein Highlight diese Woche...

Menschen für die ich dankbar bin...

Das macht mich besonders glücklich...

Dieser Spruch bedeutet
viel für mich.....

Weil:

Heute bin ich
dankbar

DATUM

_____/ _____/ _____

1
2
3
4

1
2
3
4

Heute bin ich
dankbar

DATUM

_____/ _____/ _____

Heute bin ich
dankbar

DATUM

_____/ _____/ _____

1
2
3
4

1
2
3
4

Heute bin ich
dankbar

DATUM

_____/ _____/ _____

Heute bin ich
dankbar

DATUM

___/ ___/ ___

1
2
3
4

Heute bin ich
dankbar

DATUM

___/ ___/ ___

1
2
3
4

Heute bin ich
dankbar

DATUM

___/ ___/ ___

1
2
3
4

Das hätte diese Woche besser laufen können...

Das war mein Highlight diese Woche...

Heute bin ich
dankbar

DATUM

___/___/___

1

2

3

4

1

2

3

4

Heute bin ich
dankbar

DATUM

___/___/___

Heute bin ich
dankbar

DATUM

___/___/___

1

2

3

4

1

2

3

4

Heute bin ich
dankbar

DATUM

___/___/___

Heute bin ich dankbar

DATUM

___/ ___/ ___

1
2
3
4

Heute bin ich dankbar

DATUM

___/ ___/ ___

1
2
3
4

Heute bin ich dankbar

DATUM

___/ ___/ ___

1
2
3
4

Das hätte diese Woche besser laufen können...

Das war mein Highlight diese Woche...

Heute bin ich
dankbar

DATUM

___ / ___ / ___

1
2
3
4

1
2
3
4

Heute bin ich
dankbar

DATUM

___ / ___ / ___

Heute bin ich
dankbar

DATUM

___ / ___ / ___

1
2
3
4

1
2
3
4

Heute bin ich
dankbar

DATUM

___ / ___ / ___

Heute bin ich dankbar

1
2
3
4

DATUM
____/ ____/ ____

1
2
3
4

Heute bin ich dankbar

DATUM
____/ ____/ ____

Heute bin ich dankbar

1
2
3
4

DATUM
____/ ____/ ____

Das hätte diese Woche besser laufen können...

Das war mein Highlight diese Woche...

Heute bin ich
dankbar

DATUM

___ / ___ / ___

1
2
3
4

1
2
3
4

Heute bin ich
dankbar

DATUM

___ / ___ / ___

Heute bin ich
dankbar

DATUM

___ / ___ / ___

1
2
3
4

1
2
3
4

Heute bin ich
dankbar

DATUM

___ / ___ / ___

Heute bin ich
dankbar

DATUM

____/ ____/ ____

1
2
3
4

1
2
3
4

Heute bin ich
dankbar

DATUM

____/ ____/ ____

Heute bin ich
dankbar

DATUM

____/ ____/ ____

1
2
3
4

Das hätte diese Woche besser laufen können…

Das war mein Highlight diese Woche…

Menschen für die ich dankbar bin...

Das macht mich besonders glücklich...

Dieser Spruch bedeutet
viel für mich.....

Weil:

Heute bin ich
dankbar

DATUM

___ / ___ / ___

1
2
3
4

1
2
3
4

Heute bin ich
dankbar

DATUM

___ / ___ / ___

Heute bin ich
dankbar

DATUM

___ / ___ / ___

1
2
3
4

1
2
3
4

Heute bin ich
dankbar

DATUM

___ / ___ / ___

Heute bin ich
dankbar

DATUM

___/ ___/ ___

1
2
3
4

1
2
3
4

Heute bin ich
dankbar

DATUM

___/ ___/ ___

Heute bin ich
dankbar

DATUM

___/ ___/ ___

1
2
3
4

Das hätte diese Woche besser laufen können...

Das war mein Highlight diese Woche...

Heute bin ich dankbar

DATUM

___ / ___ / ___

1
2
3
4

Heute bin ich dankbar

DATUM

___ / ___ / ___

1
2
3
4

Heute bin ich dankbar

DATUM

___ / ___ / ___

1
2
3
4

Heute bin ich dankbar

DATUM

___ / ___ / ___

1
2
3
4

Heute bin ich dankbar

DATUM

____/ ____/ ____

1
2
3
4

Heute bin ich dankbar

DATUM

____/ ____/ ____

1
2
3
4

Heute bin ich dankbar

DATUM

____/ ____/ ____

1
2
3
4

Das hätte diese Woche besser laufen können...

Das war mein Highlight diese Woche...

Heute bin ich
dankbar

DATUM

___/___/___

1
2
3
4

Heute bin ich
dankbar

DATUM

___/___/___

1
2
3
4

Heute bin ich
dankbar

DATUM

___/___/___

1
2
3
4

Heute bin ich
dankbar

DATUM

___/___/___

1
2
3
4

Heute bin ich dankbar

DATUM
___/___/___

1
2
3
4

1
2
3
4

Heute bin ich dankbar

DATUM
___/___/___

Heute bin ich dankbar

1
2
3
4

DATUM
___/___/___

Das hätte diese Woche besser laufen können...

Das war mein Highlight diese Woche...

Heute bin ich dankbar

DATUM

___/ ___/ ___

1
2
3
4

Heute bin ich dankbar

DATUM

___/ ___/ ___

1
2
3
4

Heute bin ich dankbar

DATUM

___/ ___/ ___

1
2
3
4

Heute bin ich dankbar

DATUM

___/ ___/ ___

1
2
3
4

Heute bin ich dankbar

1
2
3
4

DATUM
___/ ___/ ___

Heute bin ich dankbar

1
2
3
4

DATUM
___/ ___/ ___

Heute bin ich dankbar

1
2
3
4

DATUM
___/ ___/ ___

Das hätte diese Woche besser laufen können...

Das war mein Highlight diese Woche...

Menschen für die ich dankbar bin...

Das macht mich besonders glücklich...

Dieser Spruch bedeutet
viel für mich.....

Weil:

Heute bin ich
dankbar

DATUM

___/___/___

1
2
3
4

Heute bin ich
dankbar

DATUM

___/___/___

1
2
3
4

Heute bin ich
dankbar

DATUM

___/___/___

1
2
3
4

Heute bin ich
dankbar

DATUM

___/___/___

1
2
3
4

Heute bin ich
dankbar

DATUM

____/ ____/ ____

1
2
3
4

1
2
3
4

Heute bin ich
dankbar

DATUM

____/ ____/ ____

Heute bin ich
dankbar

DATUM

____/ ____/ ____

1
2
3
4

Das hätte diese Woche besser laufen können...

Das war mein Highlight diese Woche...

Heute bin ich
dankbar

DATUM

___ / ___ / ___

1
2
3
4

1
2
3
4

Heute bin ich
dankbar

DATUM

___ / ___ / ___

Heute bin ich
dankbar

DATUM

___ / ___ / ___

1
2
3
4

1
2
3
4

Heute bin ich
dankbar

DATUM

___ / ___ / ___

Heute bin ich
dankbar

1
2
3
4

DATUM

____/ ____/ ___

Heute bin ich
dankbar

1
2
3
4

DATUM

____/ ____/ ___

Heute bin ich
dankbar

1
2
3
4

DATUM

____/ ____/ ___

Das hätte diese Woche besser laufen können...

Das war mein Highlight diese Woche...

Heute bin ich dankbar

1

2

3

4

DATUM

___ / ___ / ___

Heute bin ich dankbar

1

2

3

4

DATUM

___ / ___ / ___

Heute bin ich dankbar

1

2

3

4

DATUM

___ / ___ / ___

Heute bin ich dankbar

1

2

3

4

DATUM

___ / ___ / ___

Heute bin ich dankbar

DATUM
___ / ___ / ___

1
2
3
4

1
2
3
4

Heute bin ich dankbar

DATUM
___ / ___ / ___

Heute bin ich dankbar

DATUM
___ / ___ / ___

1
2
3
4

Das hätte diese Woche besser laufen können...

Das war mein Highlight diese Woche...

Heute bin ich
dankbar

DATUM

____/ ____/ ____

1
2
3
4

Heute bin ich
dankbar

DATUM

____/ ____/ ____

1
2
3
4

Heute bin ich
dankbar

DATUM

____/ ____/ ____

1
2
3
4

Heute bin ich
dankbar

DATUM

____/ ____/ ____

1
2
3
4

Heute bin ich dankbar

1

2

3

4

DATUM

___/ ___/ ___

Heute bin ich dankbar

1

2

3

4

DATUM

___/ ___/ ___

Heute bin ich dankbar

1

2

3

4

DATUM

___/ ___/ ___

Das hätte diese Woche besser laufen können...

Das war mein Highlight diese Woche...

9 798600 063099